PÉTITION

A L'ASSEMBLÉE NATIONALE;

PAR

MONTAIGNE, CHARRON, MONTESQUIEU ET VOLTAIRE;

SUIVIE

D'UNE CONSULTATION

EN POLOGNE ET EN SUISSE.

A PARIS,

Chez DESENNE, Libraire, au Palais-Royal.

1791.

EPITRE DÉDICATOIRE

A UN ENFANT.

EMILE, *cher & malheureux Enfant, c'est le desir de t'être utile qui me donna l'idée de ce Recueil, & c'est à toi que je le dédie, quoique tu ne puisses le lire encore.*

Fruit d'un himen mal assorti, né d'un père & d'une mère que la haine divisait, à peine ta sixième année est finie, & déjà tu comptes six ans de malheurs !

La Nature & la Fortune t'avaient comblé de leurs dons : une constitution saine, une figure agréable, un esprit facile, un bon cœur, un riche patrimoine, tout a disparu.

Et comment, entouré de douleurs & de souffrances, ta santé se serait-elle conservée ? Comment ton esprit pouvait-il être cultivé dans l'abandon & le désordre d'un mauvais ménage ? Comment pouvait

se former ton ame, dans une école de
haine, de soupçons, de mensonges, d'in-
justices & de violences ? Quels soins,
quelles leçons, quels exemples sur-tout,
pouvais-tu recevoir de deux êtres ennemis
l'un de l'autre, sans cesse occupés à se
contrarier, à se harceler ? Comment enfin
ta Fortune aurait-elle résisté à l'insou-
ciant accablement de ta mère, aux hon-
teuses dissipations de ton père ? Santé,
esprit, vertu, fortune, EMILE a tout
perdu par les funestes & inévitables effets
d'un mariage mal assorti.

Enfant infortuné, c'est au milieu de
ces orages que se passèrent les trois pre-
mières années de ta vie. Enfin, la séparation de corps, cette honte éternelle de
l'ancienne Jurisprudence Française, vint
arracher un esclave à son tiran ; mais
ce secours impuissant ne te rendit ni à
la vertu ni au bonheur. Depuis trois ans,
tu vas voir, par intervalles, à travers la
grille d'un triste parloir, ta mère inno-
cente, prisonnière & privée de son fils,

tandis que le coupable père, près de qui tu es resté, te donne à regret quelques minutes d'un temps, quelques portions d'un argent dissipés dans le jeu ou dans la débauche.

Eh bien ! le croirais-tu, cher EMILE ? cette indissolubilité conjugale qui t'a tout ravi, c'est en ton nom qu'on ose la défendre. Cette loi salutaire du Divorce, qui seule peut terminer tes maux, c'est par égard pour toi qu'on voudrait la proscrire.

Ah ! si jamais ta sensibilité première se ranime, tu ne comprendras pas qu'on ait voulu, par une pitié apparente pour le fils, faire une injustice réelle aux parens ; tu ne comprendras pas que l'on ait cru leur malheur nécessaire à ton intérêt ; & cela fût-il vrai, tu détesterais un avantage si chèrement acheté.

Mais toi-même, un jour, tu peux être uni par des liens insupportables ; ah ! si alors tu ne pouvais réclamer la loi du Divorce, avec quelle amertume tu dirais à ses adversaires : cruels, pour l'intérêt de mon enfance, vous avez fait le malheur de ma vie ; insensés, ne saviez-vous pas que les enfans deviennent des hommes.

Détracteurs du Divorce, venez voir mon EMILE : non, en éternisant le supplice de ses pères, vous n'aurez pas même été utile à son enfance. Voyez-le, faible, pâle, mélancolique, ignorant, vicieux, ruiné. Laissez-moi réclamer pour lui le Divorce, qui seul peut sauver les débris de sa santé, de sa raison, de sa fortune, & quand cette loi bienfaisante aura rendu trois êtres au bonheur, à la vertu, à la liberté ; convenez avec moi :

Que l'ami du Divorce est l'ami de l'Enfance.

PÉTITION

PÉTITION

A

L'ASSEMBLÉE NATIONALE,

PAR MONTAIGNE, CHARRON, MONTESQUIEU ET VOLTAIRE.

EXTRAIT

DES ESSAIS DE MONTAIGNE.

Volume II, Chapitre XLII.

Nous avons pensé attacher plus ferme le nœud de nos mariages, pour avoir osté tout moyen de les diffoudre ; mais d'autant s'eſt dépris & relaſché le nœud de la volonté & de l'affeſtion, que celui de la contrainte s'eſt eſtrecy. Et au rebours, ce qui tint les mariages à Rome ſi long-temps en honneur & en sûreté,

A

fut la liberté de les rompre qui voudroit. Ils gardoient mieux leurs femmes, d'autant qu'ils les pouvoient perdre : & en pleine licence de divorces, il se passa cinq cents ans & plus, avant que nul s'en servist.

EXTRAIT

DE LA SAGESSE,

PAR CHARON.

Livre premier, Chapitre XLII.

. . . . S'IL advient d'avoir mal rencontré, s'être mécompté au choix & au marché, & que l'on ait pris plus d'or que de chair, l'on demeure misérable toute sa vie. Quelle iniquité & injustice pourroit être plus grande que, pour une heure de fol marché, pour une faute faite sans malice & par mégarde, & bien souvent pour obéir, & suivre l'avis d'autrui, l'on soit obligé à une peine perpétuelle ? Il vaudroit mieux se mettre la corde au col, & se jetter en la mer, la tête la première, pour finir ses jours bientôt, que d'être toujours aux peines d'enfer, & souffrir sans cesse à son côté la tempête d'une jalousie, d'une malice, d'une rage & manie, d'une bêtise opiniâtre, & autres misérables conditions. Dont l'un a dit que qui avoit inventé ce nœud & lien du mariage, avoit trouvé un bel & spécieux expédient pour fe venger des humains, une chauffe-trape ou un filet pour attraper les bêtes, & puis les faire languir à petit feu. L'autre a dit que marier un fage avec une folle, ou au rebours, c'eftoit attacher le vif avec le mort ; qui étoit la plus cruelle mort inventée par les tyrans, pour faire languir & mourir le vif par la compagnie du mort.

EXTRAIT

DES LETTRES PERSANNES;

PAR MONTESQUIEU.

Lettre CXVI. Usbek à Rhédi.

LE divorce étoit permis dans la religion Payenne, & il fut défendu aux Chrétiens. Ce changement, qui parut d'abord de si petite conséquence, eut insensiblement des suites terribles, & telles qu'on peut à peine les croire.

On ôta non seulement toute la douceur du mariage, mais aussi l'on donna atteinte à sa fin : en voulant resserrer ses nœuds, on les relâcha ; &, au lieu d'unir les cœurs, comme on le prétendoit, on les sépara pour jamais.

Dans une action si libre, & où le cœur doit avoir tant de part, on mit la gêne, la nécessité & la fatalité du destin même. On compta pour rien les dégoûts, les caprices & l'insociabilité des humeurs : on voulut fixer le cœur, c'est-à-dire, ce qu'il y a de plus variable & de plus inconstant dans la nature ; on attacha, sans retour & sans espérance, des gens accablés

l'un de l'autre, & prefque toujours mal affortis ; & l'on fit comme ces tyrans qui faifoient
lier des hommes vivans à des corps morts.

Rien ne contribuoit plus à l'attachement
mutuel, que la faculté du divorce : un mari &
une femme étoient portés à foutenir patiem-
ment les peines domeftiques, fachant qu'ils
étoient maîtres de les faire finir ; & ils gardoient fouvent ce pouvoir en main toute leur
vie, fans en ufer, par cette feule confidération
qu'ils étoient libres de le faire.

Il n'en eft pas de même des Chrétiens, que
leurs peines préfentes défefpérent pour l'ave-
nir. Ils ne voyent, dans les défagrémens du
mariage, que leur durée, &, pour ainfi dire,
leur éternité : de-là viennent les dégoûts, les
difcordes, les mépris, & c'eft autant de perdu
pour la poftérité. A peine a-t-on trois ans de
mariage, qu'on en néglige l'effentiel : on paffe
enfemble trente ans de froideur ; il fe forme
des féparations inteftines auffi fortes, & peut-
être plus pernicieufes que fi elles étoient pu-
bliques : chacun vit & refte de fon côté ; &
tout cela au préjudice des races futures. Bientôt un homme, dégoûté d'une femme éternelle, fé livrera aux filles de joie : commerce
honteux & fi contraire à la fociété, lequel,

fans remplir l'objet du mariage, n'en repré-
fente tout au plus que les plaifirs.

Si, de deux perfonnes ainfi liées, il y en a
une qui n'eft pas propre au deffein de la
Nature & à la propagation de l'efpèce, foit
par fon tempérament, foit par fon âge, elle
enfevelit l'autre avec elle, & la rend auffi inutile qu'elle l'eft elle-même.

Il ne faut donc point s'étonner fi l'on voit
chez les Chrétiens, tant de mariages fournir
un fi petit nombre de citoyens. Le divorce eft
aboli ; les mariages mal affortis ne fe racom-
modent plus.

Il eft affez difficile de faire bien comprendre
la raifon qui a porté les Chrétiens à abolir le
divorce. Le mariage, chez toutes les nations
du monde, eft un contrat fufceptible de toutes
les conventions ; & on n'en a dû bannir que
celles qui auroient pu en affoiblir l'objet ;
mais les Chrétiens ne les regardent pas dans
ce point de vue ; auffi ont-ils bien de la peine
à dire ce que c'eft. Ils ne le font pas confifter
dans le plaifir des fens ; au contraire, comme
je te l'ai déjà dit, il femble qu'ils veulent l'en
bannir autant qu'ils peuvent : mais c'eft une
image, une figure, & quelque chofe de myfté-
rieux que je ne comprends point.

De Paris, le 19 de la Lune de Chabban 1718.

EXTRAIT
DE L'ESPRIT DES LOIX,
PAR MONTESQUIEU.

LIVRE XVI, CHAPITRE XV.

Du Divorce & de la Répudiation.

IL y a cette différence entre le Divorce & la Répudiation, que le Divorce se fait par un consentement mutuel à l'occasion d'une incompatibilité mutuelle; au lieu que la Répudiation se fait par la volonté & pour l'avantage d'une des deux parties, indépendamment de la volonté & de l'avantage de l'autre.

Il est quelquefois si nécessaire aux femmes de répudier, & il leur est toujours si fâcheux de le faire, que la loi est dure, qui donne ce droit aux hommes, sans le donner aux femmes. Un mari est maître de la maison ; il a mille moyens de tenir, ou de remettre sa femme dans le devoir ; & il semble que, dans ses mains, la répudiation ne soit qu'un nouvel abus de sa puissance. Mais une femme qui répudie, n'exerce qu'un triste remède. C'est toujours un grand malheur pour elle d'être contrainte d'aller chercher un second mari, lorsqu'elle a perdu la plupart de ses agrémens chez un autre. C'est un des avantages des charmes de la jeunesse dans les femmes, que, dans un âge avancé, un mari se porte à la bienveillance par le souvenir de ses plaisirs.

C'est donc une règle générale, que, dans tous les pays où la loi accorde aux hommes la faculté de répudier, elle doit aussi l'accorder aux femmes. Il y a plus : dans les climats où les femmes vivent sous un esclavage domestique, il semble que la loi doive permettre aux femmes la répudiation, & aux maris seulement le divorce.

La loi des Maldives permet de reprendre une femme qu'on a répudiée. La loi du Mexique défendoit de se réunir, sous peine de la vie. La loi du Mexique étoit plus sensée que celle des Maldives ; dans le temps même de la dissolution, elle songeoit à l'éternité du mariage, au lieu que la loi des Maldives semble se jouer également du mariage & de la répudiation.

La loi du Mexique n'accordoit que le divorce. C'étoit une nouvelle raison pour ne point permettre à des gens qui s'étoient volontairement séparés, de se réunir. La répudiation femble plutôt tenir à la promptitude de l'efprit, & à quelque paffion de l'ame ; le divorce femble être une affaire de confeil.

CHAPITRE XVI.

De la Répudiation & du Divorce chez les Romains.

ROMULUS permit au mari de répudier fa femme, fi elle avoit commis un adultère, préparé du poifon, ou falfifié les clefs. Il ne donna point aux femmes le droit de répudier leur mari. Plutarque appelle cette loi, une loi très-dure.

Comme la loi d'Athènes donnoit, à la femme auffi bien qu'au mari, la faculté de répudier, & que l'on voit que les femmes obtinrent ce droit fur les premiers Romains, nonobftant la loi de Romulus, il eft clair que cette inftitution fut une de celles que les députés de Rome rapportèrent d'Athènes, & qu'elle fut mife dans les Loix des Douze-Tables.

Cicéron dit que les caufes de répudiation venoient de la Loi des Douze-Tables. On ne peut donc pas douter que cette loi n'eût augmenté le nombre des caufes de répudiation établies par Romulus.

La faculté du divorce fut encore une difpo-
fition, ou du moins une conféquence de la
Loi des Douze-Tables. Car dès le moment que
la femme ou le mari avoit féparément le droit
de répudier, à plus forte raifon pouvoient-ils
fe quitter de concert, & par une volonté
mutuelle.

La loi ne demandoit point qu'on donnât des
caufes pour le divorce. C'eft que, par la nature de la chofe, il faut des caufes pour la
répudiation, & qu'il n'en faut point pour le
divorce ; parce que là où la loi établit des
caufes qui peuvent rompre le mariage, l'incompatibilité mutuelle eft la plus forte de toutes.

Denis d'Alicarnaffe, Valere-Maxime & Au-
lugelle, rapportent un fait qui ne me paroît
pas vraifemblable ; ils difent que, quoiqu'on
eût à Rome la faculté de répudier fa femme,
on eut tant de refpect pour les aufpices, que
perfonne, pendant cinq cent vingt ans, n'ufa
de ce droit jufqu'à *Carvilius Ruga*, qui répudia
la fienne pour caufe de ftérilité. Mais il fuffit
de connoître la nature de l'efprit humain,
pour fentir quel prodige ce feroit, que la loi
donnant à tout un peuple un droit pareil,
perfonne n'en usât. Coriolan, partant pour
fon exil, confeilla à fa femme de fe marier à

un homme plus heureux que lui. Nous venons de voir que la Loi des Douze-Tables, & les mœurs des Romains, étendirent beaucoup la loi de Romulus. Pourquoi ces extenfions, fi on n'avoit jamais fait ufage de la faculté de répudier ? De plus, fi les citoyens eurent un tel refpect pour les aufpices, qu'ils ne répudièrent jamais, pourquoi les légiflateurs de Rome en eurent-ils moins ? Comment la loi corrompit-elle fans ceffe les mœurs ?

En rapprochant deux paffages de Plutarque, on verra disparoître le merveilleux du fait en queftion. La Loi Royale permettoit au mari de répudier dans les trois cas dont nous avons parlé. « Et elle vouloit, dit Plutarque, que » celui qui répudieroit dans d'autres cas, fût » obligé de donner la moitié de fes biens à fa » femme, & que l'autre moitié fût confacrée à » Cérès ». On pouvoit donc répudier, dans tous les cas, en fe foumettant à la peine. Perfonne ne le fit avant *Carvilius Ruga* « qui, » comme dit encore *Plutarque*, répudia fa » femme pour caufe de ftérilité, deux cent » trente ans après Romulus «. C'eft-à-dire, qu'il la répudia foixante-onze ans avant la Loi des Douze-Tables, qui étendit le pouvoir de répudier & les caufes de la répudiation.

EXTRAIT

DU DICTIONNAIRE PHILOSOPHIQUE

DE VOLTAIRE.

Article Mariage.

L'USAGE du divorce est établi dans tous les pays du Nord, chez tous les Réformés de toutes les Confessions possibles, & dans toute l'Eglise Grecque.

Le divorce est probablement de la même date à-peu-près que le mariage. Je crois pourtant que le mariage est de quelques semaines plus ancien, c'est-à-dire, qu'on se querella avec sa femme au bout de quinze jours ; qu'on la battit au bout d'un mois, & qu'on s'en sépara après six semaines de co-habitation.

Justinien, qui rassembla toutes les loix faites avant lui, auxquelles il ajouta les siennes, non-seulement confirme celle du divorce, mais il lui donne encore plus d'étendue ; au point que toute femme dont le mari était, non pas esclave, mais simplement prisonnier de guerre pendant cinq ans, pouvait, après les cinq ans révolus, contracter un autre mariage.

Justinien était chrétien, & même théologien ; comment donc arriva-t-il que l'Eglife dérogeât à fes loix ? Ce fut quand l'Eglife devint fouveraine & légiflatrice. Les papes n'eurent pas de peine à fubftituer leurs décrétales au code, dans l'Occident plongé dans l'ignorance & dans la barbarie. Ils profitèrent tellement de la ftupidité des hommes, qu'Honorius III, Grégoire IX, Innocent III, défendirent, par leurs bulles, qu'on enfeignât le droit civil. On peut dire de cette hardieffe : *cela n'eft pas croyable, mais cela eft vrai.*

Comme l'Eglife jugea feule du mariage, elle jugea feule du divorce. Point de prince qui ait fait un divorce, & qui ait époufé une feconde femme fans l'ordre du pape, avant Henri VIII, roi d'Angleterre, qui ne fe paffa du pape qu'après avoir long-temps follicité fon procès en cour de Rome.

Cette coutume, établie dans des temps d'ignorance, fe perpétua dans les temps éclairés, par la feule raifon qu'elle exiftait. Tout abus s'éternife de lui-même ; c'eft l'écurie d'*Augias*, il faut un *Hercule* pour la nettoyer.

Henri IV ne put être père d'un roi de France que par une fentence du pape ; encore fallut-il, comme on l'a déjà remarqué, non pas pro-

noncer un divorce, mais mentir en pronon-
çant qu'il n'y avoit point eu de mariage.

EXTRAIT

DU DICTIONNAIRE PHILOSOPHIQUE

DE VOLTAIRE.

A D U L T E R E.

Mémoire d'un Magiftrat, écrit vers l'an 1764.

UN principal magiftrat d'une ville de France
a le malheur d'avoir une femme qui a été dé-
bauchée par un prêtre avant fon mariage, &
qui, depuis, s'eft couverte d'opprobre par des
fcandales publics : il a eu la modération de fe
féparer d'elle fans éclat. Cet homme, âgé de
quarante ans, vigoureux & d'une figure agréable,
a befoin d'une femme ; il eft trop fcrupuleux
pour chercher à féduire l'époufe d'un autre ; il
craint même le commerce d'une fille ou d'une
veuve qui lui fervirait de concubine. Dans cet
état inquiétant & douloureux, voici le précis
des plaintes qu'il adreffe à fon Eglife.

Mon époufe eft criminelle, & c'eft moi qu'on

punit. Une autre femme eſt néceſſaire à la conſolation de ma vie, à ma vertu même; & la ſecte dont je ſuis, me la refuſe; elle me défend de me marier avec une fille honnête. Les loix civiles d'aujourd'hui, malheureuſement fondées ſur le droit canon, me privent des droits de l'humanité. L'Egliſe me réduit à chercher, ou des plaiſirs qu'elle réprouve, ou des dédommagemens honteux qu'elle condamne; elle veut me forcer d'être criminel.

Je jette les yeux ſur tous les peuples de la terre; il n'y en a pas un ſeul, excepté le peuple catholique romain, chez qui le divorce & un nouveau mariage ne ſoient du droit naturel.

Quel renverſement de l'ordre a donc fait, chez les catholiques, une vertu de ſouffrir l'adultère, & un devoir de manquer de femme, quand on a été indignement outragé par la ſienne ?

Pourquoi un lien pourri eſt-il indiſſoluble, malgré la grande loi adoptée par le code : *quidquid ligatur diſſolubile eſt ?* On me permet la ſéparation de corps & de biens, & on ne me permet pas le divorce. La loi peut m'ôter ma femme, & elle me laiſſe un nom qu'on appelle *ſacrement !* Je ne jouis plus du mariage, & je ſuis marié. Quelle contradiction ! quel eſclavage !

vage ! & fous quelles loix avons-nous reçu la naiſſance !

Ce qui eſt bien plus étrange, c'eſt que cette loi de mon Egliſe eſt directement contraire aux paroles que cette Egliſe elle-même croit avoir été prononcées par *Jeſus-Chriſt* (1). Quiconque a renvoyé ſa femme (excepté pour adultère), pèche s'il en prend une autre.

Je n'examine point ſi les pontifes de Rome ont été en droit de violer, à leur plaiſir, la loi de celui qu'ils regardent comme leur maître ; ſi, lorſqu'un état a beſoin d'un héritier, il eſt permis de répudier celle qui ne peut en donner. Je ne cherche point ſi une femme turbulente, attaquée de démence, ou homicide, ou em-poiſonneuſe, ne doit pas être répudiée, auſſi bien qu'une adultère. Je m'en tiens au triſte état qui me concerne. Dieu me permet de me rema-rier, & l'Evêque de Rome ne me le permet pas.

Le divorce a été en uſage chez les Catho-liques, ſous tous les Empereurs ; il l'a été dans tous les Etats démembrés de l'Empire Romain. Les rois de France, qu'on appelle de la première race, ont preſque tous répudié leurs femmes, pour en prendre de nouvelles. Enfin, il vint

---

(1) Mathieu, chapitre XIX.

B

un Grégoire IX, ennemi des Empereurs & des Rois, qui, par un décret, fit du mariage un joug infecouable ; fa décrétale devint la loi de l'Europe. Quand les Rois voulurent répudier une femme adultère, felon la loi de Jefus-Chrift, ils ne purent en venir à bout ; il fallut en chercher des prétextes ridicules. *Louis-le-Jeune fut* obligé, pour faire fon malheureux divorce avec *Eléonore de Guyenne*, d'alléguer une parenté qui n'exiftoit pas. Le Roi *Henri IV*, pour répudier *Marguerite de Valois*, prétexta une caufe encore plus fauffe, un défaut de confentement. Il fallut mentir pour faire un divorce légitimement.

Quoi ! un fouverain peut abdiquer fa couronnne, & fans la permiffion du pape il ne pourra abdiquer fa femme ! Eft-il poffible que des hommes, d'ailleurs éclairés, aient croupi fi long-temps dans cette abfurde fervitude !

Que nos prêtres, que nos moines renoncent aux femmes, j'y confens ; c'eft un attentat contre la population, c'eft un malheur pour eux ; mais ils méritent ce malheur qu'ils fe font eux-mêmes. Ils ont été les victimes des papes qui ont voulu avoir en eux des efclaves, des foldats fans familles & fans Patrie, vivant uniquement pour l'Eglife : mais moi ! magiftrat, qui fers l'état toute la journée, j'ai befoin le foir d'une femme, & l'Eglife n'a pas le droit de me priver d'un bien que Dieu m'accorde. Les Apôtres étoient mariés, *Jofeph* étoit marié, & je veux l'être. Si moi Alfacien, je dépends d'un prêtre qui demeure à Rome, fi ce prêtre a la barbare puiffance de me priver d'une femme, qu'il me faffe eunuque pour chanter des *Miferere* dans fa Chapelle.

LÉGISLATEURS

Qui ont permis le Divorce.

Moïse, légiflateur des Juifs, Deutéronome, chap. 24.

Minos, légiflateur des Crétois. Potter, Archœologie grecque, liv. 4, chap. 12.

Solon, légiflateur des Athéniens, Vie de Solon, par Plutarque.

Romulus, fondateur de Rome, Vie de Romulus, par Plutarque ; quinzième loi de Romulus, Moréri, article *loi.*

Les Décemvirs, chargés, à Rome, de faire un code de lois ; feptième loi des douze Tables, Moréry, article *loi.*

Confucius, légiflateur des Chinois, Mémoire fur les Chinois, par M. l'abbé Grozier, tome 14, page 383.

Théodofe II, Empereur Chrétien. Loi 8 du code civil.

Juftinien, Empereur Chrétien, qui a fait faire par cinq Jurifconfultes Chrétiens, le code du droit civil, adopté dans prefque toute la chré-

tienté. ▬Digeſte, livre 24, titre 2 du divorce.
▬Code, livre 5, titres 17, 18 & 24.

Juſtin, Empereur Chrétien, code civil, No-
velles. Collation 4, titre premier.

Léon VI, Empereur Chrétien, code civil.
Conſtitutions 3 & 112.

Mahomet; le Coran, chapitre 45, de la Répudiation.

Charlemagne, Roi de France & Empereur.
Capitulaires, Baluze, livre 6, chapitre 19.

Frédéric II, Roi de Pruſſe, a fait faire &
revu un nouveau code pour ſes Etats. Voyez
partie première, livre 2, titre 3, art. premier
& 2. Ce code a été traduit en françois, & imprimé en 3 volumes, en 1751.

PEUPLES

Où le divorce étoit, ou est encore permis par les lois.

Egyptiens. Saint - Chrysostôme, Homélie 17.

Athéniens. Plutarque, Vie d'Alcibiade. — Samuel Petit, Commentaire sur les lois athéniennes. — Anacharsis, tom. 1, pag. 175.

Lacédémoniens. Jean Potter, Archœologie grecque, livre 4, chapitre 12.

Crétois. Loix de Minos, Jean Potter, même ouvrage, même chapitre.

Juifs. Moïse, Deutéronôme, chapitre 24. — Buxtorf, du mariage & du divorce, seconde partie, numéros 11, 93 & 96.

Romains. Quinzième loi de Romulus dans Moréri. — Vie de Romulus, par Plutarque. — Septième loi des douze Tables dans Moréri.

Bas-Empire. voyez les diverses loix du code civil citées ci-dessus, art. Justinien.

Chinois. Mémoires concernant les Chinois, par M. l'abbé Grozier, tom. 14, pag. 383.

France. Jusqu'au douzième siècle. Capitulaires

de 757, faits dans l'affemblée générale du peuple, des Etats - Généraux, tom. 3., chapitre 7. — Formule de Marculphe, livre 2, chapitre 30. — Voyez les exemples nombreux de divorces dans le livre *du Divorce*, par M. Hennet, feconde édition, pag. 30.

Turquie. Le Koran, chap. 45, de la répudiation.

Ruffie. Le divorce y eft permis, ainfi que dans toute l'Eglife grecque. — Hiftoire du Concile de Trente, par Paoli.

Pologne. Statuts de Pologne, imprimés à Dantzick, en 1620. Hiftoire de Jean Sobieski, par l'abbé Coyer, tom. 1, pag. 116. — Abrégé chronologique des Royaumes du Nord, par Lacombe. — Voyez la confultation ci-après.

Allemagne. Toute la partie de la confeffion d'Augsbourg.

Pruffe. Code Frédéric, ou corps de droit pour les Etats du Roi de Pruffe. Traduit de l'Allemand, 1751, 3 vol. in-8°.

Suiffe. Voyage en Suiffe, par M. Robert, 1789, tom. 1, pag. 72. Voyez la confultation ci-après.

Angleterre. Courier de l'Europe, 13 & 24 mars 1789.

OUVRAGES THÉOLOGIQUES,

Favorables au Divorce.

Ancien Teſtament. Deutéronome ; chapitre 24.

Salomon. Proverbes du Sage, eccléſiaſte 25.

Nouveau Teſtament. Saint Mathieu, chapitre 19.

Saint Auguſtin. Traité de la foi & des mœurs, chapitre 19.

Saint Auguſtin. Sermon de Dieu ſur la montagne, livre premier, chap. 6, N°. 50.

Saint Ambroiſe. Commentaire ſur Saint Luc.

Origène. Diſſertation ſur Saint Mathieu.

Saint Epiphanes. Hérés. 59, N°. 4.

Lactance. Du culte divin, livre 6, chapitre 23.

Saint Chriſoſtome. Homélie 19 ſur la première épitre aux Corinthiens.

Théodorct, Evêque de Tyr. Oraiſon 9, ſur les lois.

ECRIVAINS

MORALISTES ET PUBLICISTES,

Qui ont écrit en faveur du Divorce.

MONTAIGNE. Essais de morale, *voyez ci-dessus.*

Charron. De la sagesse, *voyez ci-dessus.*

Milton. La doctrine & la discipline du divorce rétablie pour le bien commun des deux sexes & ramenée au vrai sens de l'écriture. Mémoire présenté au parlement d'Angleterre en 1645.

Montesquieu. Lettres Persannes, *voyez ci-dessus.*

Montesquieu. Esprit des Loix, *voyez ci-dessus.*

Boulanger. Christianisme dévoilé, chapitre 12.

Voltaire. Dictionnaire Philosophique, articles adultère & divorce, *voyez ci-dessus.*

OUVRAGES

Qui ont paru sur le divorce, avant l'ouverture des Etats-Généraux.

Rêveries politiques du Maréchal de Saxe.

Mémoire sur la population. *Londres*, 1768, in-8°.

Législation du divorce. *Londres*, 1770, in-12.

Dictionnaire des usages & coutumes des François, art. Divorce.

Le cri d'un honnête homme.

Mœurs & coutumes de tous les peuples, par M. Demeunier, tome 1, chapitre 8.

Les Mois, poème par M. Roucher, chant 12. Une note sur ce chant renferme une dissertation intéressante sur le Divorce.

Le parloir de l'abbaye de..... ou entretien sur le divorce.

Le cri d'une honnête femme.

Contrat conjugal, ou loix du mariage. De la répudiation & du divorce. *Neuchâtel*, 1783, in-8°.

Encyclopédie méthodique, dictionnaire d'économie, politique, &c. Par M. Demeunier, député à l'affemblée nationale, art. divorce.

Encyclopédie méthodique, dictionnaire de jurifprudence, art. mariage & divorce.

Encyclopédie méthodique, dictionnaire de théologie, art. divorce.

OUVRAGES

Qui ont paru sur le divorce, depuis l'ouverture des Etats-Généraux.

TRAITÉ philofophique, théologique & politique de la loi du divorce. Par M. Martini. Juin 1789, 1 vol., chez Cuffac, libraire au Palais-Royal.

Légitimité du divorce, prouvée par les Saintes Ecritures. Par M. Linguet, 1789. Chez l'auteur, rue du Jardinet.

Etats provinciaux comparés aux affemblées provinciales. Par M. Loifeau, Avocat, 1789.

Réflexions d'un bon citoyen, en faveur du divorce. Par M. l'abbé de.... 10 pages, 1789.

Griefs & plaintes des femmes mal mariées. Par M. de Cailly, 1789. Chez Boulard, libraire, rue Neuve Saint-Roch, N°. 51.

Du Divorce. Par M. Hennet, feconde édition. Chez Defenne, au Palais-Royal, 1 vol. 1789.

Effai fur la légiflation & les finances de la France. Par M. de la Porte, agent de change à Bordeaux, 1789 ; pages 33 & 113. Chez Gaftellier, libraire, rue neuve Notre-Dame.

Adreſſe préſentée à l'aſſemblée nationale, par les citoyens d'Alſace, de la confeſſion d'Augsbourg, 1789.

Adreſſe aux amis de la paix. Par M. Servan, 1789. *Voyez la page* 23.

Obſervations ſur le divorce. Par M. le chevalier d'Entraigues; 55 pages, 1789. Chez Baudoin, Imprimeur de l'aſſemblée nationale.

Voyage en Suiſſe, par M. Robert, tome premier, pag. 72. *Paris*, 1789.

Le divorce, ou l'art de rendre les ménages heureux, 1790, 20 pages. Chez Devaux, libraire au Palais-Royal.

Lettre par M. Tapin, ſur le mariage, 1790, 7 pages.

Lettre du marquis de C.... au comte de T... ſur le divorce, 1790, 20 pag.

Eſſais ſur les mœurs, ou point de conſtitution ſans mœurs, 1790, 1 vol., 158 pages. *Voyez la pag.* 144.

Adreſſe préſentée à l'aſſemblée nationale, par les citoyens de la confeſſion d'Augsbourg, habitans de l'ancienne province de Franche-Comté.

L'ami des enfans; motion en faveur du divorce, 1790. Chez Devaux, libraire au Palais-Royal.

Dialogue des Dieux fur les affaires du temps. Par M. Meflin, 1790, pag. 34.

Des premiers principes du fyftême social, 1790; page 87. Chez Guerbart, libraire, Porte Saint-Jacques, & fur le Pont-Neuf.

Hiftoire du Palais-Royal. Par M. Rétif de la Bretonne, 1790, tome 3, partie 2.

Motion fur l'article X I I du titre 9 du projet fur l'ordre judiciaire. Par M. Goffin, député à l'affemblée nationale. *Paris*, 1790. Chez Baudoin, Imprimeur de l'affemblée nationale.

Le divorce, par le meilleur ami des femmes, fuivi d'une adreffe au clergé. *Paris*, 1790. Chez Gueffier le jeune, rue du Hurpoix, N°. 17

L'homme mal marié. Queftion à l'auteur du divorce. *Paris*, 1790. Chez Caille, libraire, rue de la Harpe, N°. 31. Chez Garnery, libraire, rue Serpente, N°. 17.

Vues légiflatives pour les femmes, adreffées à l'affemblée nationale par Mademoifelle Jodin. *Angers*, 1790. A Angers, chez Mame, libraire, rue Saint-Land.

Mémoire fur le divorce, 1790.

La néceffité du divorce. *Paris*, 1790. Chez Boulard, libraire, rue Neuve Saint - Roch, N°. 51.

Projet de loi pour les mariages, préfenté à nationale par Pierre le Noble. *Paris*, 1790. Chez Garnery, libraire, rue Serpente, N°. 17.

Evénement arrivé dans la rue Saint-Martin. Mort tragique d'un mari qui plaidoit contre fa femme, & qui vouloit tuer fa belle-mère. *Paris*, 1790.

Elémens de morale univerfelle, ou cathéchifme de la nature. Par feu le Baron d'Holbach. *Paris*, 1790, page 97. Chez Debure, rue Serpente, N°. 6.

Sermon capucino - philofophique fur le mariage des prêtres & le divorce. *Paris*, 1790. Chez Monory, libraire, rue de la Comédie Françoife.

Obfervation fur l'accord de la raifon & de la religion pour le rétabliffement du divorce. Par M. Bouchotte, député, 1791. Chez Baudoin, libraire de l'affemblée nationale.

Emilie de Varmont, ou le divorce néceffaire ; Roman par M. Louvet. *Paris*, 1791. Chez Bailly, libraire, rue Saint-Honoré.

Lettre à Mad. de . ., fur le Divorce. *Paris*, 1791 ; 27 pages.

Effai fur l'éducation & l'exiftence civile des femmes. Par M. Rouffeau, député extraordinaire de Tonnerre. Chez l'auteur, rue de la Verrerie, N°. 84.

Il est temps de donner aux époux, qui ne peuvent vivre ensemble, la faculté de former de nouveaux nœuds. *Paris.* Juin, 1791.

Les Mariages heureux, ou Empire du Divorce, suivi d'une réfutation contre le Divorce. Par M. F.... Juge de Brives, 1791. Chez Laurens jeune, libraire, rue Saint-Jacques, N°. 37, vis-à-vis celle des Mathurins.

OUVRAGES

OUVRAGES

Contre le Divorce.

LETTRES fur le divorce, ou réfutation du livre intitulé : *du Divorce.* Par M. l'abbé Baruel.

L'indiffolubilité du mariage vengée, ou réfutation du livre intitulé : *du Divorce.*

Obfervations fur le divorce, ou réfutation du même livre. De l'Imprimerie nationale.

Accord de la révélation & de la raifon contre le divorce, ou réfutation du même livre. Par M. l'abbé Chapt de Raftignac, député à l'affemblée nationale.

La queftion du divorce, ou réfutation du même livre. Par M. l'abbé.....

Deux éditions de l'ouvrage de M. Hennet font épuifées ; mais les cinq réfutations ci-deffus fe trouvent en grand nombre chez leurs libraires.

J O U R N A U X

Dans lesquels il est parlé du Divorce.

Ouvrages périodiques, qui ont analisé le livre intitulé : Du Divorce, par M. Hennet.

GAZETTE de Paris. 3, 5, 6, 7 Décembre 1789.
Spectateur national. 5 Décembre 1789.
Courier patriote. 16 Décembre 1789.
Moniteur universel. Premier Janvier 1790.
Chronique de Paris. 8 Janvier 1790.
Journal enciclopédique. 31 Janvier 1790.
Mercure national. 28 Février. 1790.

Annonces d'autres livres sur le Divorce.

Petites Affiches. 12 Novembre. 1789.
Courier national. 30 Novembre 1789.
Spectateur national. Premier Janvier 1790.
Annales patriotiques. 5 Janvier 1790.
Spectateur national. 12 Janvier 1790.
Moniteur universel. 29 Janvier 1790.
Spectateur national. 22 Février 1790.
Chronique de Paris. 4 Février 1790.
Chronique de Paris. 24 Février 1790.

Spectateur national. 6 Mai 1790.
Journal de Verfailles. 19 Août 1790.
Moniteur univerfel. 2 Juin 1790.

Lettres diverfes fur le Divorce.

Club des obfervateurs. 12 Décembre 1789.
Spectateur national. 2 Janvier 1789.
Moniteur univerfel. 25 Juin 1790.
Affemblée nationale. N°. 30.
Journal gratuit. Education. N°. 13.
Feuille du Jour. 17 & 22 Juin 1791.

Differtations en faveur du Divorce.

Spectateur national. 16 Janvier 1790.
Annales Univerfelles . . . . . 1790.
Bouche de Fer. Treizième Livraifon.
Révolutions de Paris. N°. 85. 19 Fév. 1791.

CONSULTATION

SUR LES LOIS ET LES USAGES

QUI S'OBSERVENT

SUR LE DIVORCE;

EN POLOGNE

ET

DANS LA SUISSE PROTESTANTE.

1791.

L'Ouvrage intitulé : Du Divorce *, par M. Hennet,
contient , dans la troisieme partie , un projet de loi.
On a préféré ici laisser la colonne du projet de loi
en blanc , pour que le lecteur pût y mettre ses idées.*

CONSULTATION.	*Réponse de la Pologne.*

CE mémoire a pour objet de connaître les lois ou les usages qui s'observent sur le Divorce, c'est-à-dire sur l'acte par lequel on dissout un mariage légitimement contracté et consomme, avec faculté aux époux divorcés de former, chacun de leur côté, un nouveau mariage.

IL est certain que l'on voit très-fréquemment en Pologne deux époux se quitter et former ensuite de nouveaux nœuds.

Cet acte n'est cependant pas tout-à-fait un divorce; car il consiste, non à dissoudre un mariage légitime et valide, mais à déclarer un mariage nul et comme non avenu.

Ce n'est cependant pas non plus tout-à-fait une nullité; car ce qui est nul ne peut produire d'effets, et les enfans d'un mariage nul sont illégitimes; au lieu qu'en Pologne, cette espece de nullité n'empêche pas les enfans d'être légitimes.

REMARQUE.

Il est aisé de voir que tout ceci n'est qu'une dispute de mots. Pour concilier l'usage de la Pologne et celui de l'église romaine, on est convenu que, d'un côté, les époux qui voudraient divorcer prétexteraient quelques causes de nullité, et de l'autre, que les juges ecclésiastiques auraient, en Pologne, pour l'admission de ces causes, une facilité qu'ils n'ont dans aucune autre partie de la catholicité.

Au reste, personne ne s'y trompe : le peuple de Pologne donne à ces nullités apparentes le nom de Divorce; elles ont tous les effets du divorce.

Enfin, cela est si vrai, que les époux, en se mariant, inserent très-souvent dans leurs contrats des stipulations en cas de divorce. Si c'étaient de vraies nullités, il vaudrait mieux y avoir égard avant le mariage.

Réponse de la Suisse.	PROJET DE LOI.
LE Divorce est permis dans les cantons Protestans, et il y est très-rare. Il est deffendu dans les cantons Catholiques, et les séparations y sont très-communes.	

CONSULTATION.

1ᵉʳ.

Existe-t-il un recueil ou un traité des lois sur le Divorce ? Dans ce cas on voudrait l'avoir.

2.

Quelles sont les causes pour lesquelles le divorce s'accorde ?

Réponse de la Pologne.

1ᵉʳ.

Il n'y a point de lois civiles sur le Divorce : dans toutes les affaires de ce genre, on suit exactement les réglemens de l'Eglise et les bulles du Pape.

2.

Les raisons pour lesquelles on peut demander le Divorce, sont absolument les mêmes que celles qui rendent nuls les mariages par le droit ecclésiastique, et qui sont connues sous le nom *d'empêchemens dirimans*, compris dans cinq vers latins, dont voici la traduction :

L'erreur, la condition, la profession religieuse, les ordres sacrés, la différence de religion, un premier mariage subsistant, la parenté, le crime, l'honnêteté, l'impuissance, la violence.

La Pologne ne connaît

Réponse de la Suisse.   **PROJET DE LOI.**

1er.

Oui, il existe un code matrimonial du siècle dernier. Il est d'une barbarie horrible, et favorise des crimes pour corriger des faiblesses. On est justement occupé à l'abroger.

2.

Le Divorce s'accorde aisément dans l'adultère ou dans le dérangement de fortune accompagné de fuite ; mais il ne s'obtient, sur des sévices et sur l'incompatibilité d'humeurs, que graduellement ; c'est-à-dire, en commençant par une séparation à temps. Si cependant les parties sont d'accord, l'une à accuser, l'autre à convenir de certains torts graves, alors la séparation totale peut s'obtenir.

CONSULTATION.

3.

L'adultère est-il une cause de Divorce ?

4.

L'incompatibilité des caractères est - elle une cause de divorce ?

Réponse de la Pologne.

point d'autres empêchemens particuliérement établis ni par les Sinodes, ni par aucun acte du pouvoir législatif ; mais tandis que, dans le reste de la catholicité , la jurisprudence sur les cassations de mariages, a beaucoup resserré les causes ci-dessus, elle leur laisse en Pologne une grande extension, sur-tout à la dernière, qui est la violence.

3.

En Pologne , l'adultère ne dissout point le mariage parmi les Catholiques, mais bien parmi les Grecs ; les Grecs unis à l'Eglise latine, suivent à cet égard la même doctrine que les Grecs non unis.

4.

Non , les époux ont alors recours à quelque moyen de nullité, et le

3.

Oui ; sur-tout quand il est à craindre qu'une femme fugitive ne ramène à son mari des enfans qu'il serait forcé de reconnaître.

4.

L'incompatibilité doit être prouvée par des épreuves graduées.

CONSULTATION.

Réponse de la Pologne.

plus souvent leurs parens se laissent accuser de les avoir forcés de se marier.

5.

La faculté de divorcer est-elle égale pour le mari et pour la femme ?

5.

Comme le contrat de mariage est commun au mari et à la femme, de même les moyens de demander le divorce sont communs à l'un et à l'autre.

6.

Comment se forme une demande en divorce par le mari ?

6.

La demande de divorce se fait comme les autres demandes judiciaires, en exposant, dans la requête ou le *libelle*, les raisons que l'on a de regarder le mariage comme illégitime et de nulle valeur, et en se présentant pour en donner les preuves. On observe la bulle de Benoît XIV, *Dei miseratione* de 1741.

7.

Comment se forme cette demande par la femme ?

7.

Même réponse.

Réponse de la Suisse.   **PROJET DE LOI.**

5.

Elle est absolument égale pour le mari et pour la femme.

6.

Chaque partie se présente avec son conseil.

7.

Voyez ci-dessus.

CONSULTATION.

Réponse de la Pologne.

8.

Quels sont les premiers juges du Divorce ?

8.

Les mêmes que le droit canonique a établis dans toutes les affaires soumises à la jurisdiction ecclésiastique, c'est-à-dire, les évêques.

9.

Quels sont les juges d'appel et en dernier ressort ?

9.

On peut régulièrement appeler de l'évêque au primat, du primat au nonce du Saint Siége, et de celui-ci aux tribunaux de Rome, ou au Pape directement, qui nomme ordinairement des juges délégués *ad hoc* en seconde et troisième instance. Cependant, entre le primat, le nonce et les tribunaux de Rome, la *prévention* a lieu, ainsi que dans presque tous les procès soumis à jurisdiction ecclésiastique.

10.

Pourrait-on avoir la copie ou l'imprimé d'une sentence ou d'un arrêt

10.

Il serait inutile d'en envoyer : il n'y en a absolument d'autres que

Réponse de la Suisse. PROJET DE LOI.

8.

Les plaintes sont portées d'abord devant les consistoires des paroisses auxquelles assistent les pasteurs.

9.

Les procès - verbaux sont ensuites adressés au consistoire suprême, qui est juge unique et sans appel. Ce tribunal est composé d'ecclésiastiques et de magistrats ; ces derniers y sont en plus grand nombre.

10.

Il est possible de se procurer à Zurich des copies ou extraits de tous

CONSULTATION.

de Divorce ?

11.

Combien de temps dure ordinairement une procédure de Divorce ?

12.

L'homme et la femme divorcés peuvent-ils se remarier, chacun de leur côté, sans distinction du coupable ?

Réponse de la Pologne.

celles qu'on prononce dans tous les jugemens de nullité de mariage, dont les cas et les actes se ressemblent à peu près, et se trouvent par-tout chez les évêques et dans les archives des congrégations de Rome.

11.

La durée des procès dépend des circonstances et sur-tout du nombre des instances ou appellations ; car on peut *etiam tertio provocare.* Ordinairement les parties étant d'accord à se séparer, lorsque l'on va devant le juge, les preuves de la nullité sont préparées de manière que le procès est bientôt achevé.

12.

Le contrat de mariage étant déclaré nul, les parties rentrent également dans leurs droits naturels et il leur libre de prendre

les

les actes publics.

11.

La procédure est fort simple, et dure un mois au plus ; mais quand il s'agit d'incompatibilité, le consistoire prononce d'abord une séparation provisoire d'un an, et, ce temps expiré, si les parties persistent dans leur demande, le divorce est prononcé.

12.

Tous deux peuvent également se remarier.

D

13.

Après le divorce, combien de temps le mari est-il obligé d'attendre avant de se remarier?

14.

Et la femme, combien doit-elle attendre ?

15.

Si c'est le mari qui obtient le divorce contre sa femme, que devient la dot de cette femme?

16.

Même question quand c'est la femme qui obtient le Divorce contre le mari?

17.

Que deviennent les autres biens de la femme, quand le mari obtient le divorce ?

aussi-tôt de nouveaux engagemens.

13.

Le jugement définitif une fois prononcé, suivant la bulle du pape Benoît XIV, aussi-tôt les parties peuvent se remarier:

14.

Même réponse.

15.

Quelque soit la partie qui ait demandé le divorce, dès que la nullité du mariage est déclarée, la dot doit être rendue à la femme.

16.

Même réponse.

17.

Le mariage déclaré nul par le Divorce, tous les biens de la femme extra-dotaux, paraphernaux,

13.

L'opinion publique for-
cerait le mari d'observer
une *quarantaine* de deuil
au moins ; il attend ordinairement six mois.

14.

La femme ne peut se
remarier qu'au bout d'un
an.

15.

La femme garde la dot.

16.

Et sur-tout dans ce cas.

17.

La femme les garde.

CONSULTATION.	*Réponse de la Pologne.*
	présens de noces, etc. lui reviennent de droit.
18.	**18.**
Même question quand la femme obtient divorce.	**De même.**
19.	**19.**
Que devient le douaire ou la donation que le mari a faite à la femme, quand c'est lui qui obtient le divorce.	Toujours par **la même** raison, le contrat étant déclaré nul, tous les engagemens qui ont fait partie de ce contract tombent d'eux-mêmes.
20.	**20.**
Même question, quand c'est la femme.	**Même réponse,**
21.	**21.**
Qu'arrive-t-il quand la femme n'a ni dot, ni bien, ni douaire, si le divorce est accordé au mari?	**Le mari n'est tenu à** rien envers la femme, ni dans ce cas,
22	**22.**
Même question, s'il est accordé à la femme.	**Ni dans celui-ci.**
23.	**23.**
Quand le mari est beaucoup plus riche que la femme, n'est-il pas tenu de lui faire une pension?	**Non.**

18.

Et dans ce cas, à plus forte raison.

19.

20.

21.

La femme coupable est abandonnée à son sort.

22.

Elle obtient alors une pension sur les biens du mari, sur-tout s'il est riche.

23.

Même réponse qu'à l'article précédent.

D 3

CONSULTATION.

24.

La femme beaucoup plus riche que le mari, n'est-elle pas tenue aussi à lui faire une pension ?

25.

Quand la femme divorcée se remarie, ce mariage change-t-il quelque chose à ce qui a été réglé lors du divorce, pour sa dot, pour ses biens, pour son douaire, et pour une pension, si elle en a ?

26.

Le mariage-subséquent du mari change-t-il aussi quelque chose à ce qui est reglé pour lui à l'instant du divorce ?

27.

Quel nom, quel titre porte la femme divorcée et qui n'est pas remariée ?

Réponse de la Pologne.

24.

Non.

25.

Comme il n'a été réglé autre chose lors du divorce, que de remettre les parties en l'état où elles étoient avant le mariage, il est clair qu'un nouveau mariage ne peut rien changer.

26.

Même réponse.

27.

Le Divorce Polonais est, comme on l'a dit, une nullité qui diffère cependant, en plusieurs

Réponse de la Suisse.   **PROJET DE LOI.**

24.

Le mari pauvre d'une femme riche peut obtenir cette pension ; mais il est plus ordinaire de prononcer une amende en sa faveur, sur la dot, quand il est partie plaignante.

25.

Le Divorce une fois prononcé , le mariage subséquent des parties ne change rien.

26.

Même réponse.

27.

Son nom de famille.

| CONSULTATION. | *Réponse de la Pologne.* |

points de la nullité réelle :
ici, par exemple, en con-
sidération de la bonne foi
dans laquelle les époux
divorcés ont vécu ensem-
ble pendant le mariage,
l'usage a établi que la
femme, après le divorce,
porte le nom du mari
qu'elle quitte. Il n'y a
point de loi pour cela ;
mais devant tous les tri-
bunaux et dans tous les
actes juridiques, elle est
reconnue sous ce nom.

28.

Un mari peut-il obte-
nir le divorce plus d'une
fois ?

28.

Le divorce a lieu au-
tant de fois que l'on peut
prouver la nullité du
mariage, et la Pologne en
offre des exemples tous
les jours.

29.

Le Divorce s'accorde-
t-il aussi plus d'une fois
à la même femme ?

29.

Même réponse.

30.

Quand le mari obtient
le divorce, à qui est con-
fiée la garde et l'éduca-

30.

Ordinairement les deux
époux font leurs conven-
tions d'avance et pren-

28.

Aucune loi ne statue
le contraire.

29.

Même réponse,

30.

Le partage des enfans
dépend de l'équité des
juges , qui se décident

| CONSULTATION. | Réponse de la Pologne. |

CONSULTATION.
tion des enfans ?

Réponse de la Pologne.
nent d'accord les arrangemens nécessaires pour l'entretien et l'éducation des enfans. Quelquefois, c'est le juge qui intervient comme arbitre, ou qui détermine ces mêmes arrangemens. Aujourd'hui même, on a presque communément la coutume d'insérer , dans le contrat de mariage, des articles relatifs aux mesures à prendre en cas de divorce.

31.
Mêmes questions quand c'est la femme qui obtient le divorce contre le mari.

31.
Mêmes réponses. Souvent on confie les enfans à des gouverneurs, ou on les met en pension.

32.
Celui des époux qui ne conserve pas les enfans, n'a-t-il pas droit de les voir une fois par mois ou par semaine ?

32.
Il n'y a pas de loi à cet égard , cela dépend entiérement de la bonne volonté des parties.

33.
Celui des époux qui ne garde pas les enfans doit-il contribuer aux frais de

33.
Tout cela dépend des arrangemens insérés dans l'acte du divorce.

Réponse de la Suisse.   **PROJET DE LOI.**

eux-mêmes par l'intérêt des enfans. La partie plaignante a souvent la préférence pour les garder. Quelquefois le mari prend les garçons, et la femme les filles.

31.

Même réponse qu'à l'article précédent.

32.

Oui ; à moins que sa conduite ne soit scandaleuse pour les enfans.

33.

Oui ; sur-tout si cela étoit nécessaire par le peu de fortune de la par-

CONSULTATION.

leur education ?

Réponse de la Pologne.

34.

Le nouveau mariage d'un des epoux divorcés lui fait-il perdre les enfans dont il avoit la garde?

34.

Cela dépend aussi des conventions ; mais, de droit, le nouveau mariage n'empêche point de garder les enfans dont on s'est chargé.

35.

Quelles sont les lois suivies pour les biens des enfans dont les parens ont divorcé ? Existe-t-il sur cet objet, une loi particulère : dans ce cas, ne pourrait-on pas en avoir une copie ou un exemplaire imprimé ?

35.

La nullte du mariage en Pologne, n'est pas une nullité reelle, car ce qui est nul n'a pu produire d'effet ; ainsi les enfans devraient être illégitimes. Or, la loi les reconnaît pour légitimes, et les enfans des parens divorcés héritent du bien paternel et maternel, comme ceux nés d'un vrai mariage.

36.

À l'instant où le divorce est accordé , ne fait-on pas un inventaire des biens du père et de la mère ?

36.

Non.

Réponse de la Suisse.

tie qui garde les enfans, fût-elle coupable ou non.

34.

Non.

35.

Les enfans des divorcés héritent de leurs pères et mères, comme les autres, d'après les lois ordinaires de l'état.

36.

Si chacune des parties est exempte de reproche de dissipation, et qu'il n'y ait pas de raison d'interdiction, le Divorce n'a rien à faire avec la libre gestion des biens; ainsi

PROJET DE LOI.

37.

Peut-être suit-on pour les mariages des divorcés les mêmes règles que pour les mariages des veufs. Dans ce cas, s'il y a une loi pour les secondes noces, ne pourroit-on pas en avoir un exemplaire ?

37.

Il n'y a pas de loi pour les secondes noces ; on suit, en tout point, les règles canoniques.

38.

Les enfans n'ont-ils pas la propriété du douaire ou de la donation faite par le mari à la femme ?

38.

Non.

39.

Le père divorcé qui se remarie n'est-il pas tenu d'assurer à ses enfans une portion quelconque de ses biens, ou au moins leurs légitimes ?

39.

Point de loi particulière.

40.

La mère divorcée et remariée n'est-elle pas tenue aux mêmes obligations ?

40.

De même que ci-dessus.

Réponse de la Suisse.   P R O J E T D E L O I.

un inventaire ne peut être exigé.

37.

Précisément : ils sont veufs, et toutes les lois civiles sur les héritags sont dans la collection des Décrets, imprimés en 3 vol. in-8°.

38.

Non avant la mort de la mère.

39.

Non ; mais il ne peut pas non plus les priver de leur part à sa succession, puisque la loi de l'Etat ne connoît les déshéritations que par permission expresse du conseil.

40.

Même réponse que ci-dessus.

CONSULTATION.

41.

Y a-t-il une proportion fixée pour le douaire ou la donation que mari divorcé peut faire à sa seconde femme ?

42.

Y a-t-il de même une proportion fixée pour la donation qu'une femme peut faire à son second mari ?

43.

Comment se partage la succession d'un père qui a eu un enfant du premier lit et deux du second lit ?

Réponse de la Pologne.

41.

Non ; les nouveaux contractans sont libres à cet égard.

42.

Même réponse.

43.

Tous ces enfans succèdent à leur père sans distinction, par têtes et par portions égales.

Au reste, il y a, sur les successions, des lois différentes en Pologne, entre les diverses provinces et les diverses classes de citoyens; mais elles sont communes à tous les enfans dont les parens ont ou n'ont pas divorcé.

Réponse

Réponse de la Suisse. PROJET DE LOI.

41.

Non.

42.

Encore non.

43.

Par portions égales en-
tre tous les enfans, sans
distinction de lit.

E

TABLE
DES MATIERES.

De l'Imprimerie de LA FEUILLE DU JOUR, rue de Boudi, N°. 74, à côté de l'Opera.